yukismart.com/b/6e7a36
AF368544
1
2

kat

Katze

hond

Hund

vis
Fisch

vogel
Vogel

kip

Henne

haan

Hahn

kuiken

Küken

ei

Ei

koe

Kuh

schaap

Schaf

varken

Schwein

geit

Ziege

paard

Pferd

ezel

Esel

muis

Maus

konijn

Hase

kalkoen

Truthahn

gans

Gans

pauw

Pfau

eend

Ente

eendje

Entlein

zwaan

Schwan

libel

Libelle

vlieg

Fliege

mier

Ameise

miereneter

Ameisenbär

lieveheersbeestje

Marienkäfer

aardworm

Regenwurm

naaktslak

Nacktschnecke

rups

Raupe

slak

Schnecke

vlinder

Schmetterling

sprinkhaan

Heuschrecke

bij

Biene

honing

Honig

spin

Spinne

gras

Gras

kever

Käfer

mug

Moskito

schorpioen

Skorpion

hagedis

Eidechse

schildpad

Schildkröte

krab

Krabbe

garnaal

Garnele

kreeft

Hummer

walvis

Wal

haai

Hai

pijlstaartrog

Stachelrochen

dolfijn

Delfin

zee-egel

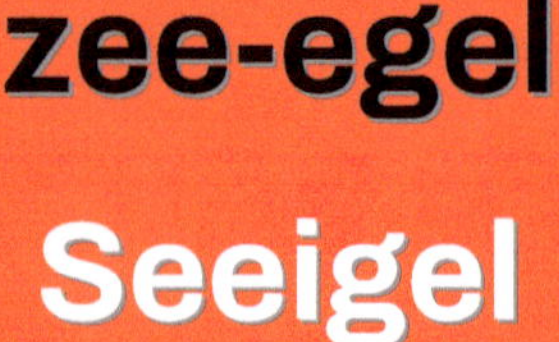

Seeigel

kwal

Qualle

inktvis

Tintenfisch

zeester

Seestern

zeemeeuw

Möwe

zee

Meer

pelikaan

Pelikan

aalscholver

Kormoran

schelpen

Muscheln

zand

Sand

olifant

Elefant

zebra

Zebra

giraffe

Giraffe

slang

Schlange

krokodil

Krokodil

leeuw

Löwe

tijger

Tiger

nijlpaard

Nilpferd

neushoorn

Nashorn

jachtluipaard

Gepard

kameel

Kamel

antilope

Antilope

flamingo

Flamingo

struisvogel

Strauß

ooievaar

Storch

papegaai

Papagei

gorilla

Gorilla

aap

Affe

koala

Koala

panda

Panda

kangoeroe

Känguru

egel

Igel

eekhoorn

Eichhörnchen

wolf

Wolf

vos

Fuchs

wasbeer

Waschbär

beer

Bär

hert

Hirsch

adelaar

Adler

vleermuis

Fledermaus

zwijn

Eber

kraai

Krähe

uil

Eule

specht

Specht

bunzing

Iltis

mol

Maulwurf

bever

Biber

ijsbeer

Eisbär

sneeuw

Schnee

pinguïn

Pinguin

sneeuwuil

Schneeeule

bos

Wald

berg

Berg

narwal

Narwal

orka

Orca

walrus

Walross

zeehond

Robbe

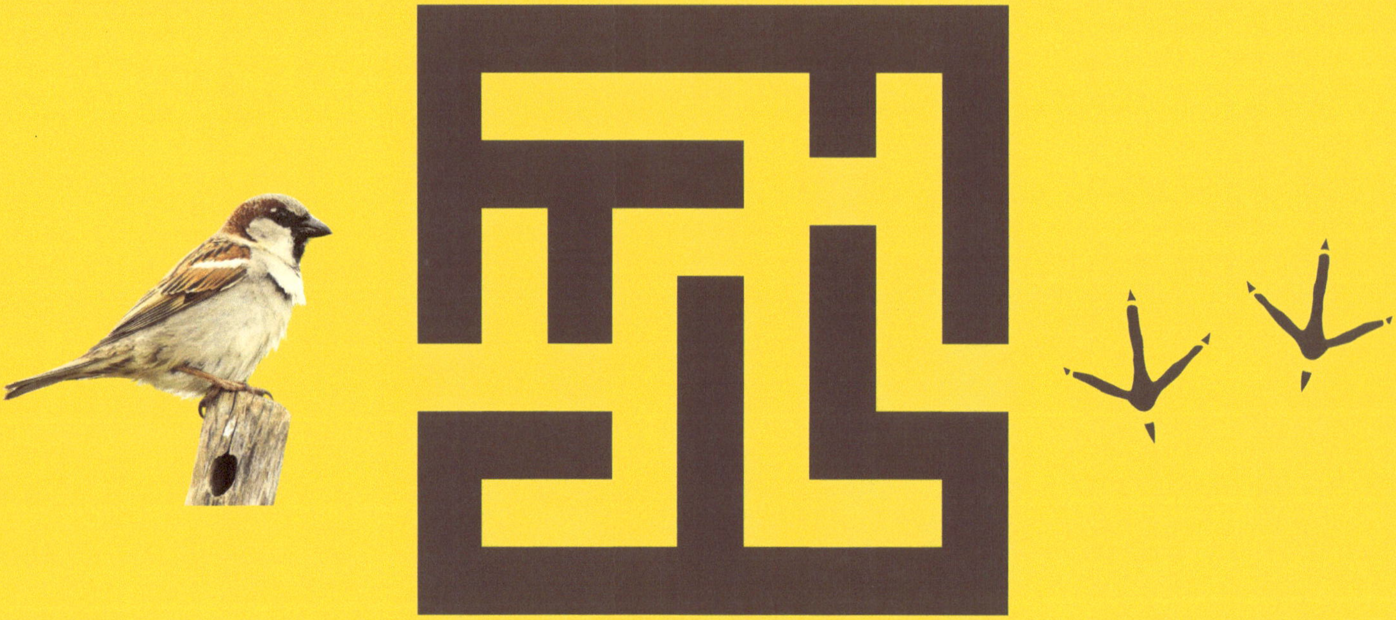